LETTRE

A M. LE

AGENOR DE GASPARIN,

SUR

Le Méthodisme.

PAR

Joseph MARTIN-PASCHOUD,

L'un des Pasteurs de l'Église Réformée de Paris.

PARIS,

Ab. CHERBULIEZ, LIBRAIRE,

Rue de Tournon, 17.

1840.

In the interest of creating a more extensive selection of rare historical book reprints, we have chosen to reproduce this title even though it may possibly have occasional imperfections such as missing and blurred pages, missing text, poor pictures, markings, dark backgrounds and other reproduction issues beyond our control. Because this work is culturally important, we have made it available as a part of our commitment to protecting, preserving and promoting the world's literature. Thank you for your understanding.

LETTRE

A M. LE Cte

AGENOR DE GASPARIN,

SUR

LE MÉTHODISME.

PAR

JOSEPH MARTIN-PASCHOUD,

L'un des Pasteurs de l'Église Réformée de Paris.

Mon cher Monsieur,

En me parlant de la Lettre à M. Coquerel, que vous deviez faire paraître, un de nos protestants les plus vénérables, qui connaît toute l'élévation de votre esprit, me disait : « Sans « doute M. de Gasparin va se poser intermédiaire entre le « Laïc et le Pasteur, et montrer d'une part aux églises que de « si vives défiances envers le gouvernement seraient mal fon- « dées, et, d'autre part, au gouvernement, qu'il se trompe « sur plusieurs articles de son projet. » C'était sous l'impression de cette pensée que j'ai ouvert votre brochure ; et comme vous savez la haute estime que j'ai pour vous, l'affection que je vous porte, l'admiration que j'ai éprouvée de vos derniers écrits, et le grand espoir que je conçois de l'influence morale que vous êtes destiné à exercer, vous comprendrez aisément que je me réjouissais de vous voir prendre la plume dans l'intérêt de nos Eglises, et que j'avais hâte de savoir quelles seraient pour elles les inspirations de votre piété.

Quel n'a pas été mon étonnement, mon cher monsieur, à la lecture de votre écrit ! Permettez-moi de vous le dire avec douleur, il m'a semblé que vous vous étiez laissé entraîner à des assertions peu fondées soit à l'égard du pasteur à qui vous répondez, soit contre le gouvernement de votre pays, soit envers vos coréligionnaires, soit enfin contre une ville étrangère qui n'avait que faire dans le débat.

Le but de la brochure de M. Coquerel était d'examiner ces deux questions : « Un règlement d'administration publi- « que est-il nécessaire pour nos Eglises ? — Le gouvernement « peut-il le donner par voie d'ordonnance ? »

Sur la première, il avait essayé de montrer que le nombre et la circonscription des Consistoires, les assemblées des Synodes, l'établissement des « Sections », l'autorité des Consistoires, leur présidence, les suffragances, les démissions, les remplacements, les résidences des pasteurs, etc., tout cela donnait lieu à des difficultés et à des désordres nés en partie « des imperfections et des lacunes de la loi de germinal, mais « provenant aussi de ce que cette loi n'a jamais été accompa- « gnée d'un règlement d'administration publique destiné à la « compléter, à la faciliter, à l'éclaircir, et non à la chan- « ger. »

Sur la deuxième question : « Le gouvernement peut-il « donner le règlement par voie d'ordonnance ? » il expose beaucoup de motifs qui le font pencher pour l'affirmative ; cependant il ne prétend pas trancher la difficulté. Si le droit public de notre pays s'y oppose, dit-il, « alors, à « regret, sans doute, mais sans hésitation, je repousse le « bienfait trompeur qu'on nous propose : je ne veux pas que « l'Eglise réformée soit mise en dehors du droit commun de « la France. »

Enfin deux projets de règlement étant présentés à l'examen des Consistoires, celui du ministre et celui du comité de législation, M. Coquerel dit que dans le premier il y a des articles contre lesquels il s'élèverait avec autant de force que qui que ce soit; et, quant au second, « il ne veut nullement « le défendre; la plupart des dispositions qu'il tend à intro- « duire lui paraissant tout à fait inadmissibles. »

Et il exhorte les « Consistoires à faire un sérieux examen « de ces projets; à rechercher avec un esprit sincère et droit « les articles qui pourraient être contre la loi et ceux qui ne « la violentent pas, en se souvenant que c'est ici une question « de légalité et non de défiance. »

Voilà bien le véritable esprit, les véritables termes de l'écrit de M. Coquerel.

Comment l'attaquez-vous? Est-ce en traitant la grande question qu'il traite? est-ce en montrant que sur tous les points qu'il mentionne un réglement n'est nullement nécessaire à l'intérêt de nos Eglises? est-ce en prouvant que le gouvernement n'a pas le droit de faire ce réglement par ordonnance? est-ce en examinant et en débattant la valeur des deux projets présentés? — Point du tout. Vous faites dire à M. Coquerel que « les deux bonnes raisons d'accepter le projet « d'ordonnance, » c'est d'abord que « les méthodistes « l'ont attaqué, » et ensuite qu'il « a été préparé par un « ministre qui appartient à l'un des arrondissements les plus « protestants de la France, et soumis aux lumières d'une « commission protestante dont la composition offrait toutes « les garanties. »

Et ces deux raisons, que vous vous appliquez à combattre, M. Coquerel ne les a pas données. Sans doute, il s'est étonné que « l'un des plus ardents et des plus laborieux fondateurs « du culte dissident en France et dans la capitale, ait pu, de « la position qu'il s'est faite, juger avec impartialité les « besoins de nos Eglises nationales. » Mais il n'a pas dit qu'il

faut accepter le projet de réglement « parce que les métho-
« distes l'ont attaqué; » il a exposé en six grandes pages
toutes les raisons entièrement étrangères au méthodisme et
uniquement tirées de l'état actuel de nos Eglises qui, selon
lui, rendent ce réglement indispensable. C'étaient ces raisons
très-nettement exprimées qu'il vous fallait examiner et détruire, et non pas vous borner à une autre qui ne se trouve
nulle part.

M. Coquerel n'a pas dit non plus « qu'il fallait accepter le
« réglement, parce qu'il a été préparé par un ministre qui
« appartient à l'un des arrondissements les plus protestants
« de la France, et soumis aux lumières d'une commission
« protestante dont la composition offrait toutes les garan-
« ties. » Comme M. Lutteroth avait publié que « ce régle-
« ment renfermait la négation la plus absolue de notre li-
« berté religieuse qu'on ait faite depuis plus de quarante
« ans ; que l'intention de la restreindre, de l'annuler, de
« la démolir pièce à pièce, était évidente ; que c'était une
« conception scandaleusement illégale et en contradiction
« ouverte avec la lettre et l'esprit de la Charte ; que l'on y re-
« connaissait l'influence des traditions encore pleines de vie
« qu'une administration funeste avait laissées après elle ;
« qu'il fallait se féliciter de ce qu'elles étaient soumises, dans
« leur repoussante nudité, à l'examen de tous les Consis-
« toires; » M. Coquerel a remarqué que MM. Teste, ministre, Laffont de Ladebat, chef de division des cultes non
catholiques, de Daunant, Delessert, Vernes, etc., ne pou-
vaient avoir eu vraiment l'intention « d'ébranler toutes nos
« libertés, de menacer tous nos droits. »

Il n'a pas fait de cette remarque un argument décisif pour
que nous acceptions le réglement, il en a fait seulement un

motif pour que nous usions d'un peu plus de modération dans l'expression de nos accusations et de nos défiances.

Vous dites encore que — « C'est pour mettre à part
« les dissidents, dont l'activité lui déplaît; c'est pour les
« isoler, pour les rejeter en dehors de ces cultes reconnus,
« qui seuls, d'après la Cour de cassation, ont le droit de
« s'exercer librement; c'est pour se donner le moyen d'en
« finir avec le prosélytisme protestant, le colportage et
« l'évangélisation, que le gouvernement vient de songer
« tout à coup, en 1840, après trente-huit années, à faire
« un réglement d'administration publique, pour assurer
« l'exécution de la loi du 18 germinal an X. — Vous dites
« qu'il veut placer hors de la protection de la Charte et de la
« loi commune, tous ces prédicateurs dont l'action l'impor-
« tune, tous ces colporteurs dont la présence émeut le clergé
« romain.—Ce n'est pas une haine religieuse qui l'anime
« contre nous, c'est un mobile moins noble, sa faiblesse vis-
« à-vis du clergé. Il fait sa cour aux catholiques quand il
« prépare une ordonnance destinée à contenir l'Eglise natio-
« nale, à supprimer l'Eglise dissidente. Enfin, vous vou-
« driez croire à sa bienveillance, mais les faits vous le défen-
« dent. »

Mon cher monsieur, j'ai eu l'honneur, il y a bientôt 14 ans, au commencement de mon ministère, d'avoir un entretien avec l'illustre savant qui dirigeait alors notre culte; et je me souviens très-positivement de lui avoir entendu dire qu'il songeait à faire un réglement d'administration pour nos Eglises, et qu'il avait consulté ou devait consulter à ce sujet quelques protestants des plus éclairés, parmi lesquels il nommait M. Samuel Vincent et M. Stapfer. Peut-être les cartons du ministère en témoigneraient au besoin. Or, il me paraît tout à fait probable que le gouvernement, au lieu de songer tout à coup, comme vous le dites, en 1840, à un pareil réglement, n'a fait au contraire que donner suite à une idée dont on avait, depuis longues années, cru reconnaître l'utilité pour nos seules Eglises, sans dessein prémédité contre le colportage et l'évangélisation qui n'existaient pas dans ce temps.

Quoi qu'il en soit de l'époque, comment avez-vous pu écrire et formuler de si graves accusations contre le gouvernement de votre pays? Quoi! il ne médite rien moins que de « contenir » notre Eglise nationale, que de « supprimer » l'Eglise dissidente! Il ne médite rien moins, — c'est vous, dont le père s'est trouvé deux fois dans les conseils du roi, vous qui siégez au Conseil d'État, c'est vous qui le déclarez à vos coréligionnaires, à la France, — il ne médite rien moins que « de placer un certain nombre de nos concitoyens hors « de la protection de la Charte et de la loi commune! Et « cela, non par haine, mais par un mobile moins noble en-« core, par faiblesse! » — Quoi! vous allez jusqu'à supposer « que le projet de réglement veut livrer l'Eglise dissidente à « l'arbitraire, que des poursuites peuvent être exercées con-« tre elle, qu'il peut y avoir persécution! » — Ah! vous auriez raison; la plus grande partie des protestants de France se rangeraient au nombre des persécutés, et, pour ma part, je vous assure que je ne serais pas des derniers. — Mais en vérité, de si graves accusations, de si profondes défiances ne sont-elles pas injustes?

Pourquoi, si le gouvernement a résolu de « contenir notre « Eglise nationale, » ne cesse-t-il, d'année en année, d'augmenter le nombre de nos pasteurs, de grossir le chiffre de notre budget? Pourquoi, depuis 1828, a-t-il créé 140 places nouvelles? a-t-il augmenté de « 300 mille francs » ses subsides? Et pourquoi, s'il a résolu de « supprimer l'Eglise dissidente, » la laisse-t-il, en si complète paix, exercer le culte qu'elle a choisi? Pourquoi, dès à présent, ne fait-il pas fermer les chapelles, qu'il sait très-bien distinguer de nos temples, et qui, certes, ne tiennent pas à se cacher sous leur ombre ? — C'est peut-être tout simplement, que ces redoutables et effrayants projets de « bornage » d'une part, et de « persécution » de l'autre, n'ont aucune réalité, et qu'il n'a dessein en définitive que de procurer à « l'Eglise salariée, » de concert avec elle, un peu plus de bien-être et d'ordre, et de laisser celle qui s'intitule « non salariée » jouir en pleine sécurité de toutes les libertés que la Charte lui assure, et dont personne n'a le droit de lui ravir la plus petite part (1).

(1) Cela est si vrai que depuis plusieurs années, beaucoup de Consistoires avaient sollicité auprès du gouvernement des modifications dans l'organisation de nos Eglises. On se rappelle, entr'autres, à ce sujet, les projets présentés par la conférence des pasteurs de l'Ardèche.

Dès 1833, les pasteurs de diverses Eglises réunis à Paris en conférence avaient arrêté qu'on appellerait l'attention des Consistoires et des pasteurs sur la convenance, les inconvénients et les avantages d'une réforme dans l'organisation de nos Eglises.

En 1834, la conférence de Paris avait chargé une commission de préparer un nouveau projet d'organisation.

Ce projet fut présenté à la conférence de 1835, et communiqué à tous les Consistoires et à tous les Pasteurs.

Il est vrai que dans ces divers projets il était question de modifications à apporter dans la loi de l'an X.

Mais tous ces travaux prouvent que l'on sentait le besoin et la pressante nécessité de modifications dans l'état actuel ; et lorsqu'on a dû reconnaître l'impossibilité d'obtenir une loi nouvelle, tous les ministres qui se sont succédé au département de la Justice et des cul-

Quant à vos coréligionnaires, vous dites « qu'il y a peu « d'années encore, ils étaient plongés dans un léthargique « sommeil. — La plupart de nos chaires ne retentissaient « plus du langage de la foi. — On avait extrait de l'Evangile « tout ce que le monde peut en accepter sans peine, ce « que lui enseignent les professeurs de philosophie. — « Le dogme était livré au rationalisme pour en expliquer « les mystères, pour en supprimer les menaces, pour « l'accommoder au goût d'une société qui s'abstient des « crimes punis par le code et qui veut, d'ailleurs, vivre « tranquille sur cette terre. — Nos sociétés protestantes se « mouraient de langueur ; nos œuvres étaient frappées de « stérilité. — Nous n'apercevions plus enfin dans la réforme « que la destruction de l'autorité papale, au lieu d'y voir la « restitution de l'autorité biblique. »

Et, après ce « triste, » mais, selon vous, « fidèle tableau

tes ayant hautement déclaré qu'ils ne croyaient pas pouvoir la présenter, il est bien naturel que l'administration ait cherché s'il n'était pas possible de satisfaire, par voie réglementaire, à une partie au moins des besoins qui lui étaient manifestés et des demandes qui lui étaient adressées.

Quant à ce qui regarde l'Eglise dissidente, nous savons d'une manière positive que, dans les séances de la commission présidée par le Garde des Sceaux, et qui a rédigé le premier projet de règlement, tous les membres ecclésiastiques et laïques, ont mis le plus grand soin à la laisser complètement en dehors du cercle des délibérations, et que, d'un accord unanime, chaque fois que la suite des idées se rapprochait du méthodisme et du séparatisme, on s'arrêtait à l'instant, sans mettre le pied sur un terrain évidemment étranger au mandat que l'on avait reçu. C'est donc par une supposition purement gratuite et que rien ne justifie, qu'on a pu attribuer au gouvernement ou à la commission le projet de réglementer l'Eglise nationale pour détruire l'Eglise dissidente.

« de la situation des protestants de France, » vous dites « que la « grâce divine nous en a récemment arrachés ». Et « quels ont « été, vous écriez-vous, quels ont été, entre les mains de « Dieu, les instruments bénis de notre réveil? qui nous a rap-« pelés à notre rang de religion ? *Ce sont les méthodistes.* »

Il y a, ce me semble, dans ces affirmations une double injustice envers les protestants de France, premièrement touchant leur « sommeil léthargique, » secondement touchant « les causes « de leur réveil. » Injustice qui a été et qui est chaque jour tellement répétée et de tant de manières, qu'on a presque réussi à la faire accepter comme une vérité.

Or, au triste et déplorable tableau que vous faites de ce sommeil dans lequel les protestants se trouvaient plongés « dans un temps si peu éloigné que les plus jeunes d'entre « nous peuvent s'en souvenir, » je me bornerai à opposer des témoignages que vous ne récuserez pas.

Il y a plus de 20 années, en 1819, dans la première assemblée de la société biblique protestante de France, M. Vincent de St-Laurent disait : « Des citoyens de toutes les « classes ont aussi apporté leurs tributs, et rien n'est plus « intéressant que le rapport des commissaires chargés de « recueillir ceux des familles les moins opulentes. Partout, « disent-ils, nous avons été accueillis avec une considéra-« tion et un respect qui avaient quelque chose de religieux ; « partout on nous a témoigné la plus vive satisfaction de « notre entreprise ; et nous sommes convaincus que parmi « les gens les moins instruits règnent cependant des idées « religieuses que notre heureux établissement va développer « de plus en plus. Dans les demeures les plus modestes nous « avons trouvé des livres de piété, et nous avons acquis « la certitude qu'on en fait journellement usage. C'est sur-

« tout chez les artisans et les ouvriers laborieux, relégués
« dans les cinquième et sixième étages, que nous avons
« remarqué le plus d'attachement à la religion; leurs offran-
« des n'étaient le plus souvent que la pite de l'Evangile, et
« pourtant plus d'une fois nous les avons jugées trop considé-
« rables; mais les refuser eût été humilier la main pieuse qui
« les présentait et troubler le plaisir attaché à ce sacrifice. »

« Tous les Consistoires, ajoute-t-il, forment naturellement
« des sociétés bibliques, et presque tous, à notre premier
« appel, se sont portés avec l'ardeur la plus louable à en
« remplir les fonctions. »

« Avec quels transports de joie les religieux réformés
« du Languedoc, du Gévaudan, du Vivarais, de la Pro-
« vence et du Dauphiné, ont accueilli ces missionnaires si-
« lencieux dont la muette éloquence venait réchauffer et
« nourrir la piété domestique et réintégrer dans chaque ha-
« bitation la parole de consolation et de vie. Des Eglises de
« ces provinces ont demandé à la fois 2,000 Bibles, même
« après en avoir reçu une quantité considérable. »

« D'autres tribus protestantes moins nombreuses et plus
« éparses sur la surface de la France, n'étaient pas moins
« dignes de l'attention et de l'intérêt de la société. Quel-
« ques-unes ont obtenu des Oratoires, d'autres restent encore
« sans réunions, sans pasteurs, sans culte public. Le seul
« département de la Somme compte environ 6,000 individus
« dans cet état d'abandon et de privations religieuses; mais
« c'est là surtout, c'est parmi ces chrétiens réformés, si
« long-temps ignorés, que la foi de nos pères s'est con-
« servée dans toute sa pureté. A défaut de livres sacrés dont
« la violence avait dépouillé ces obscures familles, les tra-
« ditions orales en ont transmis, de génération en généra-

« tion, lès narrations les plus intéressantes, les plus impor-
« tantes leçons et les commandements les plus saints. Passés
« de la mémoire des pères dans celle des enfants, les prières
« les plus ferventes et les cantiques les plus propres à sou-
« tenir la foi et l'espérance n'ont jamais cessé de retentir
« dans les chaumières ; et la bénédiction paternelle y a tenu
« lieu de celle des ministres du Seigneur. »

« Dans les départements que j'ai parcourus, » disait, dans
« la même assemblée, le vénérable M. Soulier, les « protes-
« tants semblent s'attacher chaque jour davantage à la religion
« évangélique, à mesure que vous répandez au milieu d'eux
« les moyens de l'étudier dans sa source la plus pure, dans
« les livres saints. Les pasteurs soutiennent cet élan de la piété
« par tout ce que leur fournit de moyens leur saint ministère,
« et par le zèle dont ils sont animés eux-mêmes. En par-
« courant ces contrées, j'ai trouvé dans presque toutes les
« Eglises protestantes des écoles d'enseignement mutuel ; j'ai
« vu entre les mains de la plupart de leurs élèves des livres
« saints provenant en grande partie de votre libéralité ; j'ai
« trouvé de ces écoles où les élèves les plus avancés regar-
« daient comme une récompense honorable la faveur de lire
« les Saintes Ecritures aux fidèles réunis dans le temple du
« Seigneur, le jour du repos. »

« La lecture de la parole de Dieu inspire un tel intérêt que,
« dans plusieurs de ces mêmes Eglises, les écoles du dimanche
« sont parfaitement organisées. »

Permettez-moi, mon cher monsieur, d'espérer que de pa-
reils témoignagnes sur la piété des protestants de France
ébranleront un peu votre confiance en la justice de vos accusations.—Ah ! quand il serait vrai que la lumière eût été
long-temps pour eux cachée sous le boisseau ; quand il serait

vrai que leur zèle et leur foi eussent eu besoin de plus de chaleur et de vie, comment avez-vous le courage de leur imputer à crime le malheur des temps déplorables dans lesquels ils ont vécu ? Nés au sein d'une tourmente, bercés au bruit des révolutions, entourés des ruines de toute chose, élevés pour les camps, occupés de batailles, comment s'étonner que leur religion eût souffert quelque ébranlement ? Et cependant, aussitôt que la tempête s'apaise, que le torrent est rentré dans son lit, que les flots de sang cessent de couler, qu'il est possible de se reconnaître, que le ciel s'éclaircit et que le calme renaît, les voilà, ces protestants que vous disiez plongés dans un sommeil de mort, et qui vivent ; que vous disiez sans foi, et qui croient ; que vous disiez sans Dieu, et qui prient; que vous disiez sans Evangile, et qui en font leur nourriture; que vous disiez sans dévoûment, et qui se retranchent de leur nécessaire pour semer autour d'eux la bonne nouvelle du salut!

Et ce ne sont pas les « Méthodistes, » comme vous l'affirmez, qui ont été « entre les mains de Dieu, les instruments « bénis de ce réveil. » Les instruments de ce réveil ! c'étaient ces leçons des pères qui avaient passé aux enfants, héritage divin, bénédiction du foyer domestique ;

C'étaient ces livres de piété que les visiteurs bibliques trouvaient dans les demeures les plus modestes, et dont ils avaient la certitude qu'on faisait journellement usage ;

C'étaient surtout ces autres Livres, ces missionnaires silencieux, plus éloquents que tous les autres, qui allaient de toutes parts éclairer, réchauffer, vivifier, sanctifier, unir ;

C'étaient ces propagateurs, ces vénérables fondateurs de l'association biblique qui, pour repousser les mêmes et injustes reproches que les ennemis des protestants leur adressaient alors et que vous renouvelez aujourd'hui, s'écriaient par

la bouche de leur digne président, M. le marquis de Jaucourt:
« C'est par nos œuvres qu'il nous convient de leur répondre.
« Publions, répandons cet évangile dont on prétend nous ac-
« cuser d'avoir méconnu les principes; pressons-nous autour
« de ce vénérable monument de la sagesse divine, seule
« source où nous fassions profession de puiser nos lumières
« et notre foi; formons autour de lui une phalange serrée,
« invincible; appelons tous nos coréligionnaires à user du
« beau droit de le lire et de le méditer, de ce droit qu'il est
« désormais impossible de ravir aux chrétiens. Qu'à notre
« voix les sociétés bibliques se multiplient, qu'elles forment
« des sociétés branches, des associations secondaires; qu'en-
« fin le moment arrive où il ne se trouve plus en France une
« seule chaumière habitée par des protestants où nous n'ayions
« introduit et mis en honneur le Livre de vie! »

Enfin c'étaient toutes ces églises, tous ces Consistoires, tous ces pasteurs, tous ces fidèles qui avaient répondu tous ensemble, comme un seul homme, à ce magnifique, à cet énergique, à cet évangélique appel, et qui, en effet, sur tous les points de la France, s'étaient pressés autour du monument sacré, avaient formé une sainte phalange, avaient semé abondamment et avec joie dans le champ du Seigneur où nous moissonnons aujourd'hui.

Quant aux « Méthodistes, » ce n'est pas à moi de juger leurs œuvres; je n'aime pas à voir faire ni à faire ces jugements; ils n'appartiennent qu'à Celui devant qui tout est découvert, qui sonde les cœurs et les reins, et qui souvent peut-être, ce que nous appelons *bien*, l'appelle *mal*, et ce que nous appelons *mal*, l'appelle *bien*.

Cependant, je puis reconnaître qu'ils ont manifesté et qu'ils manifestent du zèle; ils ont bâti et ils bâtissent encore des chapelles et des temples dans quelques endroits où il en manquait, et surtout dans ceux où il s'en trouvait déjà; — ils ont appelé et ils appellent des pasteurs dans quelques Eglises qui n'en avaient pas, et dans beaucoup d'autres qui en avaient; — ils ont fondé et ils entretiennent une seconde société pour la dissémination des Ecritures; — ils ont colporté et ils colportent dans tous les villages ces petits écrits de controverse sur la *religion d'argent* qui effraient le catholicisme; — enfin ils ont fait, comme vous le dites, et font encore chaque jour « relever la tête au prosélytisme, ce fils légitime de la foi » dont il n'entre pas dans mon dessein de parler ici, et sur lequel il me serait difficile de partager toutes vos vues. — Je reconnais, dis-je, volontiers toutes ces choses, qu'encore une fois il ne m'appartient pas de juger.

Mais qu'ils nous aient retirés, nous, « d'un sommeil léthargique ! » — qu'ils « nous aient rappelés, » nous, « à no-
« tre rang de religion; » qu'ils aient « de toute part fait repa-
« raître la vie au milieu de nous », alors que la mort y régnait! je ne puis le reconnaître. Je dis au contraire qu'en affirmant ces choses, on est injuste, doublement injuste envers les protestants de France.

Enfin, vous êtes injuste envers une ville voisine, l'ancienne métropole du protestantisme.

Vous dites « que nos écoles de Théologie, chargées de for-
« mer les ministres du saint Evangile, de leur transmettre fi-
« dèlement le dépôt de la parole, de leur inspirer ce dévoû-
« ment apostolique qui élève l'âme au-dessus des considéra-
« tions mondaines, et sans lequel il n'y a plus dans les fonc-
« tions pastorales qu'un simple métier; nos écoles de Théo-
« logie *tombaient peu à peu jusqu'au point où semble, hélas!*

arriver cette école de Genève, à laquelle nous conservons le droit d'instruire encore les étudiants français. »

Mon cher monsieur, j'en connais un grand nombre de ces étudiants français qui ont été instruits dans l'école de Genève, lesquels, croyez-moi, ne font pas un simple métier des fonctions pastorales, dont l'âme sait s'élever au-dessus des considérations mondaines, et dont le dévoûment aspire au moins à devenir apostolique. Oui, j'en connais qui se dépensent d'intelligence et de cœur, de corps et d'âme, de méditations et d'activité au service de leur Dieu, de leur Sauveur, de leur Maître. J'en connais, je vous le jure, qui regarderaient comme un gain de donner leur vie pour l'Evangile de Jésus-Christ, et qui la donnent en effet, et qui la donneront jusqu'à la fin pour amener à la croix quelques âmes, et pour n'être pas eux-mêmes rejetés !

Et dans cette Genève, que vous méconnaissez, et que vous devriez mieux connaître, il s'en trouve aussi, et en grand nombre, de ces Pasteurs formés à son école, qui ne pensent, qui ne travaillent, qui ne vivent que pour avancer le règne de Dieu sur la terre, par la connaissance de l'Evangile de notre Seigneur Jésus-Christ ! Nommez-moi une cité, je vous prie, où se rencontrent plus de lumières unies à plus de piété ? plus de foi éclairée prouvée par plus de bonnes œuvres ? plus de liberté protestante et plus d'évangélique ferveur ? — Ah ! nous sommes bien heureux que vous daignez conserver à Genève le droit d'instruire encore des étudiants français. Ne refusez pas la reconnaissance d'un si grand nombre de nos Eglises auxquelles ils ont distribué et distribueront encore avec amour la parole de vie, car cette reconnaissance est fondée et vos accusations sont injustes.

Et pourquoi toutes ces injustices envers Genève, envers les Protestants, envers le gouvernement, envers le Pasteur que vous combattez ? Les avez-vous préméditées ? Votre conscience en est-elle coupable ? Y portez-vous malveillante intention ? Non : je ne connais pas d'homme dont la droiture, le caractère, la conscience, le cœur, les intentions, soient plus dignes que les vôtres d'une confiance parfaite. Et je ne dis pas ceci par pure forme, ou à cause de vous, ou à cause des autres, mais parce que c'est vrai. D'ailleurs je ne le saurais pas de bien d'autres manières, que votre écrit tout seul suffirait pour m'en convaincre. Il y règne une chaleur d'âme, un désir, un espoir d'union et de paix, un amour de la vérité, de la liberté, de l'évangile, qui excluent tout soupçon d'injustice volontaire, de préoccupations de parti. D'où viennent donc toutes ces erreurs, pour ne plus dire ces injustices ?

Du seul désir de glorifier le méthodisme, et de faire tiompher des doctrines théologiques, au service desquelles je m'étonne que vous ayiez pu vous consacrer.

Ah ! si vous ne vouliez que louer un zèle qui, malgré de graves écarts, n'a pas pourtant laissé que d'exercer en quelques lieux, pour de certains objets, et chez diverses personnes, une bienfaisante influence, et de produire des fruits heureux ; si vous ne vouliez que faire respecter des droits, défendre des libertés, prévenir des persécutions, maintenir les lois, garantir l'inviolabilité de tous les sanctuaires et de toutes les consciences; si vous ne vouliez enfin que prêcher l'union, la concorde, la paix et répéter comme les apôtres à tous vos frères : « Je vous en conjure, n'ayez tous ensemble qu'un

« même sentiment ; conservez l'unité de l'esprit par le lien de
« la paix ; si vous avez un zèle amer et un esprit de conten-
« tion, ce n'est point là la sagesse qui vient d'en haut ; évi-
« tez celui qui forme des sectes ; conduisez-vous en toute
« humilité et en toute douceur ; si vous êtes d'un autre avis,
« Dieu vous éclairera là-dessus ; et quant aux choses à la
« connaissance desquelles vous êtes arrivés, suivez la même
« règle, et demeurez parfaitement unis ; aimez-vous enfin
« les uns les autres, comme Dieu vous a aimés ! » —Si, dis-
je, vous ne vouliez que cela dans votre écrit, certes, au
lieu d'avoir en ce moment la plume pour y répondre, je
l'aurais probablement pour vous adresser des remercîments,
des félicitations et des vœux, comme vous savez que j'ai
bonheur à le faire lorsque vous défendez une cause vraie,
bonne, utile, chrétienne.

Oui, comme vous, je louerai le zèle, la piété, la foi, la
charité, ici, là et ailleurs, dans un temple, dans une église,
dans une chapelle, partout où, par la grâce de Dieu, ils se
manifesteront, et je serai prêt à me joindre d'esprit et de cœur,
et au besoin, de contributions et de sacrifices, à toutes leurs
utiles et chrétiennes inspirations ! Comme vous, je réclame-
rai de toute la puissance de ma voix et de mon âme contre
la plus imperceptible atteinte que qui que ce soit oserait por-
ter à la liberté, non pas de *conscience*, la conscience a
toujours été et sera éternellement libre comme son Créateur ;
mais à la liberté de *culte;* non pas pour *moi* seulement
et pour ceux qui croient ce que je crois, et prient comme
je prie, mais pour *tous*, quelque nom qu'ils portent, et
dans quelque lieu qu'ils se réunissent ! — Comme vous enfin,
je demande à Dieu et je demande aux hommes d'avancer
les temps où il n'y aura qu'un troupeau et qu'un pasteur, et

où le cantique des anges qui accompagnèrent Jésus dans le monde sera accompli : « Paix sur la terre ! bonne volonté parmi les hommes ! »

Mais est-ce là tout ce que vous voulez? vous voulez, dites-vous, en rappelant les expressions du Pasteur auquel vous répondez, « que notre Eglise nationale ne s'organise pas de telle sorte que l'église dissidente ne puisse l'envahir et la supplanter. »

Vous voulez que ce que l'on appelle le *méthodisme*, et que vous appelez *la foi orthodoxe*, pénètre toujours plus dans le sein de nos églises pour y répandre « le mouvement et la « vie, et afin qu'un peu de levain fasse lever toute la pâte. »

Vous voulez « que toutes les nuances réformées viennent « se concentrer au sein d'une commune orthodoxie, » et que nous arrivions ainsi à «l'unité.»

Vous voulez que l'on « surveille les écoles de théologie pour « qu'elles n'enseignent que la foi orthodoxe. »

Et enfin que « l'on influe sur les Consistoires pour qu'ils ne « choisissent que de dignes pasteurs », bien entendu que : « dignes pasteurs » ne signifie que « pasteurs orthodoxes. »

Voilà réellement le but, le seul et unique but de votre brochure.

Je dis le seul, car, 1º elle ne s'occupe en aucune manière du projet de règlement pour savoir s'il est utile à l'Eglise nationale, elle ne s'en occupe que pour savoir s'il ne contribuerait pas à empêcher l'église dissidente d'envahir et de supplanter celle-là.

2º Elle ne défend pas non plus les libertés des Méthodistes, attendu que ces libertés ne sont nullement attaquées.

3º Elle ne prêche pas « la fusion des Eglises diverses » par le lien de la paix et de la charité, comme l'indique l'apôtre, mais seulement par la commune et générale acceptation de la doctrine méthodiste, c'est-à-dire d'un côté par l'abdication, et de l'autre par l'envahissement.

Tel étant votre but, je crois remplir un devoir de ministre de Jésus-Christ et de pasteur de l'Eglise réformée, que de vous présenter à ce sujet de bien sérieuses considérations.

Probablement vous n'avez pas beaucoup étudié la Théologie ; peut-être est-ce pour cela que votre piété est si vive, mais peut-être aussi est-ce pour cela que vos conseils sont fort dangereux.

Savez-vous bien en quoi consistent ces doctrines méthodistes ou orthodoxes que vous désirez voir passer des Eglises dissidentes dans l'Eglise nationale ? « ce levain, dont il ne « faut pas beaucoup pour faire lever toute la pâte ? »

Quoique, dans votre profession de foi, il me semble voir que vous en avez quelque idée, je doute pourtant que vous vous rendiez tout-à-fait compte de ce que vous demandez à Dieu pour le bonheur de nos Eglises.

Les pasteurs et les administrateurs de l'Eglise dissidente, (ils m'en ont fait eux-mêmes la formelle déclaration,) ont *signé* et *enseignent*, — ce qui sans doute aussi veut dire : *croient* — la confession de foi de *la Rochelle*. Veuillez la lire.

Vous y verrez (ART. VI) « qu'en l'Essence divine il y a
« trois personnes, le Père, le Fils et le Saint-Esprit. Le Père,
« première cause, principe et origine de toutes choses. Le Fils,
« sa parole, sapience éternelle. Le St-Esprit, sa vertu, puis-
« sance et efficace. Le Fils éternellement engendré du Père.
« Le Saint-Esprit, procédant éternellement de tous deux.
« Les trois personnes non confuses, mais distinctes, et toute-
« fois non divisées, « mais d'une même essence, éternité,
« puissance et égalité. »

Tandis que « Jésus-Christ » nous enseigne purement et « simplement que « le Seigneur notre Dieu est le seul Sei- « gneur » (Marc, XII 29); — « qu'il n'y a qu'un seul bon ; « c'est Dieu » (Mat. XIX. 17). « Que son père est plus « grand que lui » (Jean, XIV. 28). — « Qu'il ne sait pas, » lui, mais que « son Père seul sait le jour et l'heure du jugement » (Marc. XIII. 32) ; « qu'il loue le Seigneur du ciel et de la « terre » (Luc. X. 21) ; « qu'il le prie » (Jean, XVII) ; » « qu'il lui rend grâces de ce qu'il en est exaucé » (Jean, XI « 41) ; « qu'il l'aime et qu'il fait ce qu'il lui a commandé » (Jean, XIV. 31) ; « qu'il se sanctifie lui-même pour ses dis- « ciples (Jean, XVII. 19), » que sa nourriture est de faire la « volonté de celui qui l'a envoyé (Jean, IV. 34); enfin, « qu'il va à son Père et à notre père, à son Dieu et à notre « Dieu (Jean, XX. 17).

Vous y verrez (Art IX) que « l'homme, étant aveuglé « en son esprit et dépravé en son cœur, a perdu toute inté- « grité sans avoir rien de reste. — Ce qu'il a de clarté se con- « vertit en ténèbres quand il est question de chercher Dieu, « tellement qu'il n'en peut nullement approcher par son intel- « ligence et raison, et que bien qu'il ait une volonté par la- « quelle il est incité à faire ceci ou cela, toutefois elle est en- « tièrement captive sous péché, et n'a nulle liberté à bien. »

Tandis que Jésus-Christ, et les apôtres, et l'histoire univer- selle des hommes, et notre conscience, nous enseignent d'un commun accord que très certainement par notre intelligence et par notre raison, il nous est possible de nous approcher quelque peu de Dieu, et qu'il nous reste quelque liberté soit pour le bien comme pour le mal. — Il faudrait citer tout l'E- vangile.

Vous y verrez (Art. X) : « que toute la lignée d'Adam est

« infectée de telle contagion, qui est le péché originel et un
« vice héréditaire, en sorte qu'en la personne d'icelui, nous
« avons été dénués de tous biens et sommes trébuchés en
« toute pauvreté et malédiction; » et ce vice (ART. XI) « EST
« PÉCHÉ QUI SUFFIT A CONDAMNER TOUT LE GENRE HUMAIN
« JUSQU'AUX PETITS ENFANTS DÈS LE VENTRE DE LEUR
« MÈRE. »

Tandis que Jésus-Christ, *qui laisse venir à lui les petits enfans, parce que le royaume des cieux est pour ceux qui leur ressemblent*, Jésus-Christ ne dit pas un mot, un seul mot, ni d'Adam, ni de sa lignée, ni du péché originel, ni de ce vice héréditaire, ni de cette condamnation, et que tout ce qu'il dit, au contraire, nous enseigne très-certainement que notre Père, qui est au ciel, est un Dieu bon et juste qui ne nous trouve pas coupables d'un péché accompli il y a quelques mille ans, et qui ne punit pas par d'effroyables et d'éternels supplices deux ou trois cents milliards d'enfants pour une faute commise, au commencement, par leur mère.

Vous y verrez (ART. XII) : « que de cette corruption et con-
« damnation générale en laquelle tous les hommes sont plon-
« gés, Dieu retire ceux lesquels en son conseil éternel et im-
« muable il a élus par sa seule bonté et miséricorde en Notre
« Seigneur Jésus-Christ, sans considération de leurs œuvres,
« laissant les autres en cette même corruption et condamnation,
« pour démontrer en eux sa justice, comme aux premiers il fait
« luire les richesses de sa miséricorde. Car les uns ne sont
« pas meilleurs que les autres, jusqu'à ce que Dieu les discerne
« selon son conseil immuable qu'il a déterminé en Jésus-
« Christ devant la création du monde; et nul aussi ne se pourrait
« introduire à un tel bien de sa propre vertu, vu que de notre

« nature nous ne pouvons avoir un seul bon mouvement, ni
« affection, ni pensée jusqu'à ce que Dieu nous ait prévenus
« et nous y ait disposés. »

Tandis que Jésus-Christ......

J'allais dire que Jésus-Christ ne nous enseigne pas cet article. — Les Musulmans l'enseignent, je le sais, ou quelque chose d'approchant ; encore je ne crois pas que leur *fatalisme* égale en aveuglement, en bizarrerie et en cruauté le *fatalisme* renfermé dans un pareil enseignement.

Vous y verrez (ART. XVII) : « que par le sacrifice unique
« que le Seigneur Jésus a offert en la croix, nous sommes ré-
« conciliés à Dieu pour être tenus et réputés justes devant lui;
« ainsi Jésus-Christ est notre lavement entier et parfait ; en
« sa mort, nous avons entière satisfaction pour nous acquit-
« ter de nos forfaits et iniquités dont nous sommes coupables,
« et ne pouvons être délivrés que par ce remède. L'obéissance
« de Jésus-Christ (ART. XVIII.) nous est allouée, tant pour
« couvrir toutes nos fautes que pour nous faire trouver grâce
« et faveur devant Dieu. »

Tandis que Jésus-Christ nous enseigne que nous sommes réconciliés avec Dieu par sa miséricorde ; que chacun doit être jugé et rétribué selon ses propres œuvres, et que l'obéissance d'un seul ne peut pas plus rendre les coupables innocents que sa désobéissance ne peut rendre les innocents coupables.

Voilà, cependant, les *Doctrines* dont vous souhaitez que nos Eglises soient pénétrées, dont il faut surveiller l'enseignement dans nos écoles de théologie, en dehors desquelles nos Consistoires ne pourront trouver de dignes pasteurs, et par l'acceptation desquelles la fusion des cultes dissidents peut seulement s'opérer; car ce sont là évidemment les seules et véritables doctrines orthodoxes, les doctrines orthodoxes étant uniquement celles qu'une autorité ecclésiastique, concile ou synode, a décrétées et promulguées.

Ai-je tout — Non, — Il est encore un article qui sert de couronnement aux articles que je viens ci ter de cette théologie anti-humaine, anti-divine, anti-chrétienne! Je le livre à votre méditation, le voici :

POUR ÊTRE SAUVÉ, IL EST NÉCESSAIRE, ABSOLUMENT NÉCESSAIRE DE CROIRE TOUTES CES CHOSES!

Et tous ceux qui ne les croient pas, écoutez bien, tous ceux là sont « *maudits*, maudits de leur Père céleste, « enveloppés et pénétrés d'une misère immense, infinie, et « ne trouvant plus dans tous les êtres qu'un enfer universel, « un enfer au-dedans d'eux-mêmes, un enfer dans les créa- « tures, un enfer en Dieu même! — Et cette malédiction est « *éternelle* ; en sorte que le supplice auquel ils sont con- « damnés n'aura jamais de fin. — Si ce n'était que des mil- « liards de siècles qu'ils dussent passer dans la souffrance! « mais souffrir, et se dire : je souffre pour toujours; être « dans la société du Démon, et se dire : je suis ici pour tou- « jours; regarder sous ses pieds, et voir un abîme de dou- « leur qui n'a point de fond ; regarder sur sa tête, et voir un « ciel de colère qui n'a point d'horizon; jeter les yeux à « droite, à gauche, devant, derrière, et ne découvrir de tous « côtés qu'une éternité sans rivage; essayer d'espérer et ne le « pouvoir point ; s'efforcer de croire et ne trouver dans son « cœur que la foi des démons ; crier à Dieu, et n'en être plus « écouté ; se consumer en imaginations de toute sorte pour « se délivrer, et après d'infructueux efforts, retomber tou- « jours sur soi-même, se retrouver à la même place, se voir

« fixé sans retour dans l'éternelle immobilité de la malédic-
« tion divine ; c'est une situation dont la seule pensée trouble
« l'esprit, bouleverse le cœur, confond l'imagination et ôte
« jusqu'à la force d'en sonder et d'en développer toute l'hor-
« reur. — Et l'on espère que cela n'arrivera à personne,
« qu'il n'y a point de peines éternelles ?— Mais c'est le Dia-
« ble qui met en nous cette espérance. Et ce n'est pas tout, il
« y a plusieurs places dans l'Enfer. — Comme il se trouve
« au fond d'un précipice énorme des cavités nouvelles qui
« pénètrent plus profondément encore dans les entrailles de la
« terre, et qui sont comme un abîme dans l'abîme ; — ainsi,
« dans l'horrible condition de quiconque sera livré au feu
« éternel, il y aura un surcroît d'horreur pour ceux qui seront
« réservés aux derniers supplices ! — Et les derniers suppli-
« ces, pour qui seront-ils ? — De tous les hommes, ceux
« qui seront traités le plus insupportablement, ceux que l'on
« montrera dans l'Enfer comme les monuments les plus écla-
« tants et les plus déplorables de la justice divine ; — ceux
« dont un damné dira à un autre damné : que nous sommes
« heureux de n'être pas cet homme-là ! — ceux qui forme-
« ront comme un Enfer à part dans l'Enfer ; — ceux qui se-
« ront maudits entre les maudits et damnés entre les dam-
« nés ; — qui sont-ils ?..... où faut-il les chercher ? — au
« bout de la terre ?—non, mais près de nous,—mais dans ces
« contrées,— mais dans ce peuple,— mais dans nos temples,
« — mais parmi ceux que nous voyons là devant nous, qui
« entendent notre voix, dont les regards rencontrent nos
« regards (1). »

C'est à dire qu'il faut les chercher dans nos familles, — dans

(1) Discours sur la misère de l'homme et la miséricorde de Dieu, par A. Monod, professeur de Théologie à la Faculté de Montauban.

nos Eglises, — dans nos Consistoires, — parmi les pasteurs ; parce que dans nos familles, — dans nos Eglises, — dans nos Consistoires, — parmi les pasteurs, il s'en trouve, (et grâces à Dieu, c'est le plus grand nombre) qui ne *croient pas* à tous les articles de cette orthodoxe confession de Foi !

C'est à dire encore que les maudits, les éternellement maudits, les damnés parmi les damnés, c'est moi, ce sont mes enfants, ce sont mes amis, ce sont les vôtres, mon cher Monsieur, c'est votre père, c'est votre frère, c'est votre femme, c'est vous-même enfin, car, bien certainement, vous ne croyez pas, ni eux ni vous, pas plus que moi, toutes les monstruosités que l'on nous donne pour la foi chrétienne, et dont on fait dépendre notre éternelle condamnation.

Mais quoi ? dites-vous : « Déchirerons-nous la Bible ? ané-
« antirons-nous les condamnations qu'elle prononce ? effa-
« cerons-nous les promesses attachées à la foi ? Le protes-
« tant ne *fait* pas ses convictions, il ne les *choisit* pas non plus,
« il les trouve dans la Bible et les accepte toutes ; il humilie
« sa raison ; il accomplit des sacrifices auxquels répugne
« profondément l'homme naturel ; loin de jouir d'une pré-
« tendue indépendance, loin d'obéir aux caprices de son sens
« individuel, il croit ce qui lui semble incroyable, *parce que*
« *cela est écrit ;* il exécute ce qui lui paraît le plus contraire
« à son vrai bien, *parce que cela est écrit ;* en un mot, il ne
« se reconnaît qu'un seul droit, celui de *lire* et *d'obéir.* »

Ah ! si c'était là être protestant, permettez-moi de vous le dire, vous tout le premier, vous ne le seriez ni quant au dogme, ni quant à la morale ! En effet, il est écrit : « Ceci est mon corps. — Tu es Pierre et sur cette pierre je bâtirai mon Eglise. — Confessez-vous les uns aux autres. — Tout ce que vous délierez sur la terre, sera délié dans le ciel. » — Et vous ne croyez pourtant ni à la présence réelle, — ni à l'infaillible autorité de Grégoire XVI, — ni à la nécessité de vous confesser. — *Il est écrit* : « Si ton œil te fait tomber dans le péché, arrache-le et le jette loin de toi. — Si quelqu'un veut t'ôter ton manteau, laisse-lui encore l'habit. — Ne jurez point du tout. — Vendez ce que vous possédez, et le donnez aux pauvres. » — Et pourtant ni vous n'avez arraché votre œil s'il vous a fait pécher, — ni vous n'avez livré votre habit au voleur de votre manteau, — ni vous ne vous êtes abstenu de prêter serment à Louis Philippe, — ni vous n'avez donné tout votre bien aux pauvres. — Pourquoi? — pourquoi ne *croyez-vous pas*? pourquoi *n'exécutez-vous pas* toutes ces choses? — pourquoi ne vous contentez-vous pas de *lire* et *d'obéir* ? — Toutes ces choses sont *écrites* !

Est-ce parce que vous êtes disciple de Calvin ou de Luther? — Je vous laisse vous-même répondre. « Non, dites-vous,
« le protestantisme n'est ni la religion de Calvin, ni celle de
« Luther, ni celle d'aucun de nous. Le jour où il a été ad-
« mis par quelques hommes que les décisions et les interpré-
« tations émanées de quelques autres hommes avaient la
« même force que le texte sacré, ce jour là seulement, il
« y a eu des catholiques. »

« Si le protestantisme infidèle à son principe eût imposé à
« son tour des interprétations, des commentaires, s'il eût
« donné un caractère obligatoire aux écrits des réformateurs,
« aux opinions des synodes, aux symboles et aux confessions
« de foi, nous n'aurions fait que changer de joug et d'erreurs.
« Les doctrines des premiers réformés, nécessairement fauti-
« ves sur plus d'un point, seraient devenues des articles de foi;
« chaque génération aurait ajouté son contingent à ce fatal

« recueil de décisions infaillibles et irrévocables qu'on aurait
« eu le droit d'augmenter, et jamais le droit de réduire. L'u-
« nité, la vérité de l'Evangile auraient encore été étouffées
« une fois sous les commentaires de main d'homme. »

« Les vieilles confessions de foi, dites-vous encore, étaient
« des exceptions au principe de la réforme. Tous, aujourd'hui,
« nous entourons de notre respect les glorieux monuments
« de la foi de nos pères; mais, tous aussi, nous puisons no-
« tre foi à une autre source. Nous lisons les Ecritures, et
« non les confessions d'Augsbourg ou de la Rochelle, *pour
« voir si ce qu'on nous dit y est conforme.* Nous trouvons
« que la parole de Dieu nous suffit pour le dogme et pour la
« morale. Nous trouvons qu'elle est plus claire, plus précise,
« plus accessible aux pauvres d'esprit, que les symboles, tou-
« jours obscurs, toujours imparfaits qui sortent de la main
« des hommes. — Enfin, dites-vous, il n'y a pour la loi di-
« vine et pour la loi humaine, que deux systèmes possibles.
« L'un consiste à admettre un pouvoir interprétatif, dont les
« décisions aient la même forme que la loi; l'autre consiste à
« conserver le texte primitif sans commentaires, et à appli-
« quer la loi dans chaque cas particulier, abstraction faite des
« décisions antérieures : « le système catholique, et le système
« protestant. » Eh bien ! ce second système est le seul ad-
« missible, quand il s'agit de la loi divine ! (p. 28, 29) »

Ainsi, d'après ces déclarations et ces principes, vous rejetez les dogmes de la présence réelle, de l'infaillibilité du pape, de la confession; — et la morale des macérations du non serment, de la vente de vos biens; — dogmes que tant de papes, tant de conciles, tant de chrétiens admettent; — morale qu'en diverses manières tant de chrétiens pratiquent; — dogmes et morale pour eux *orthodoxes*, vous les rejetez non pas parce que vous êtes disciple de Calvin ou de Luther, ou de qui que ce soit, non pas parce qu'ils ne sont pas enseignés dans la confession d'Augsbourg ou de la Rochelle, mais uniquement parce que vous, Agénor de Gasparin, fidèle à l'esprit du protestantisme, prenant l'Evangile pour seule base de votre foi, vous ne trouvez pas que ces dogmes et cette morale y soient conformes, quelque clairs, quelque positifs, quelque formels que paraissent aux autres les passages de l'Evangile sur lesquels ils prétendent les appuyer. Vous interprétez ces passages à votre manière, vous les comparez entr'eux, vous les comparez à d'autres, vous les comparez à l'esprit général de tous, vous discernez les vérités et les préceptes qu'ils renferment; vous *lisez*, oui, mais avant de *croire*, mais avant d'*obéir*, vous cherchez à pénétrer le sens des mots qui sont sous vos yeux. Créature intelligente, vous suivez l'exhortation de l'Apôtre, *vous jugez vous-même* de ce qui vous *est dit*, de ce qui *est écrit*, en un mot : vous *examinez*. — Quand Jésus-Christ prenant du pain et le rompant, dit : *Ceci est mon corps*, vous *jugez* qu'il a voulu dire : *ceci représente mon corps*.— Quand Jésus-Chrit dit: *il faut manger ma chair, il faut boire mon sang*, vous *jugez* qu'il ne s'agit ici que d'une image; et ainsi, quoi que vous en disiez, vous vous *faites* vos convictions; — vous n'*humiliez pas votre raison*, vous la consultez; — vous n'abdiquez pas *votre indépendance*, vous en jouissez; — vous ne foulez pas aux pieds *votre sens individuel*, vous vous en servez; — vous ne croyez pas ce qui vous *semble incroyable*, vous croyez ce qui vous semble devoir être cru; — vous *n'exécutez pas ce qui vous paraît le plus contraire à votre vrai bien*, vous vous efforcez de faire ce qui vous y semble conforme; — et c'est précisément parce que vous faites ainsi usage de votre raison, de votre sens, de votre cœur, de votre conscience, de votre âme, des facultés que Dieu vous a données, c'est précisément à cause de cela que vous êtes vraiment Protestant.

Eh bien! les Eglises réformées de France, leurs Consistoires, leurs Pasteurs, leurs fidèles, ont fait ce que vous faites, ce qu'ont fait les réformateurs, ce qu'ont fait les synodes, ce que tous et chacun nous avons le droit et le devoir de faire! Ils ont lu l'Évangile, et, pour cela, ils se sont servi de leurs yeux; — ils ont tâché de le comprendre, et, pour cela, ils ont fait usage de leur intelligence. Ils ne se sont pas bornés à *croire* et à *faire* tout ce qu'on leur disait que la Bible enseigne ou commande. Ils ne se sont pas bornés même à *croire* et à *faire* tout *ce qui est écrit* dans la Bible. Comme vous, et comme les réformateurs, et comme les synodes, et comme tout vrai protestant, ils ont *examiné*, — ils ont *jugé*, — ils ont *discerné*, — ils n'ont pas *humilié leur raison*, ils l'ont consultée; — ils n'ont pas abdiqué leur *indépendance*, ils en ont joui; — ils n'ont pas foulé aux pieds leur *sens individuel*, leur cœur, leur conscience, leur âme, tout ce qui fait que l'on croit, que l'on aime, que l'on agit, nobles facultés de leur race, ineffables bienfaits de Dieu! Non, mais par toutes ces voies, par tous ces instruments, par toutes ces puissances, ils ont cherché ce qui est *vrai*, ils ont cherché ce qui est *bon*, et, lorsque dans la Bible ils ont trouvé des passages dont les interprétations littérales soulevaient et révoltaient toute leur raison, toute leur conscience, toute leur âme, encore une fois ils ont fait ce que vous faites, ce qu'ont fait Luther et Calvin, ce qu'ont fait les synodes, ce que tout protestant à le droit et le devoir de faire : ils ont rejeté ces interprétations!

Oui, malgré tous les passages, pris ici et là dans la Bible, par lesquels on prétend les justifier, nous croyons, nous, par mille et mille autres passages, et par la Bible tout entière, par l'Ancien et par le Nouveau Testament, par les Evangiles et par les Epitres, par Jésus-Christ et par les Apôtres, par l'Esprit-Saint et par notre âme, nous croyons : qu'il n'y a qu'un seul Dieu, créateur du ciel et de la terre, juste, sage, miséricordieux et bon, — qui a envoyé son fils unique au monde afin que quiconque croirait en lui ne pérît point, mais qu'il eût la vie éternelle, — qui donne son Saint-Esprit à tous ceux qui le lui demandent, — qui juge chacun selon ses œuvres, — pardonne à tous ceux qui se repentent, — et fait entrer dans son royaume quiconque l'aime et garde ses commandements !

Cessez donc de nous engager à changer notre foi, la foi de Jésus-Christ, celle qu'il est venu nous enseigner de la part de son Père; — celle pour laquelle il a souffert la croix, il a donné son sang; — celle qui seule lui a fait des disciples et lui en fera tant qu'il existera une âme d'homme sur la terre; — Celle qui depuis 18 siècles a été la lumière, le sel, la vie et le salut du monde, contre des erreurs que nos pères, il y a 300 ans, ont bien pu professer comme leurs pères à eux en avaient professé d'autres, mais que nous ne devons pas plus recevoir en héritage qu'ils n'ont voulu eux-memes recevoir les erreurs des âges précédents. Au nom de nos âmes et de l'âme de nos enfants, au nom de notre patrie qui a tant besoin de vraie foi et d'amour, au nom de l'humanité qu'il faut nourrir enfin du pain de vie, au nom de cette grande unité entre toutes les communions chrétiennes, que vous désirez comme moi, cessez de nous dire que les doctrines méthodistes sont les seules et pures doctrines de l'Evangile de Jésus-Christ, car nous repoussons les doctrines méthodistes, et nous voulons garder l'Evangile de Jésus-Christ, au prix même de notre sang, parce que nous savons qu'il est la vérité, la lumière, la vie, la Puissance de Dieu pour le salut des âmes.

Sans doute, comme la croyance aux doctrines catholiques n'empêchait pas un Vincent de Paule et un Fénélon d'être de vrais chrétiens ; de même la croyance aux doctrines méthodistes n'empêche pas de l'être plusieurs de nos amis dont la sainte vie et la charité peuvent nous servir de modèles. C'est qu'à côté de l'erreur, il y a place dans leurs âmes pour la *vérité qui sanctifie*; et cette vérité nous est à tous commune. Sanctifions-nous donc chacun par elle, selon que nous la connaissons, selon que nous la comprenons ; et en attendant que Dieu éclaire tous nos esprits de la même portion de lumière, adorons-le d'un même cœur, en paix et en liberté, et demandons-lui ardemment de nous apprendre à tous à l'aimer comme notre père, à nous aimer comme ses enfants.

Martin-Paschoud, pasteur.

Paris. — Imp. de P. Baudouin, rue Mignon, 2.

Printed by Libri Plureos GmbH in Hamburg, Germany